いじめられるということ

いじめと僕とたのしい授業

小原茂巳 著

やまねこブックレット 教育①

仮説社

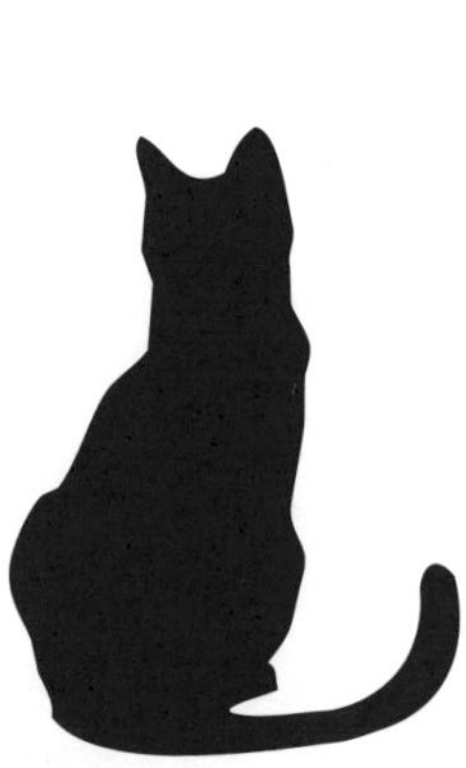

はじめに

●明るく元気にとりくめることを

もしあなたのクラスに今〈いじめ〉のカゲが見えていたら……「マズイ！　私のクラスからも」などとまわりの視線を気にしてピリピリしているでしょう。いや、今はそうでなくても、「いつ自分がそういう立場に立たされるか」と心配している人は少なくないはずです。

　また、テレビや新聞などの情報を元に、〈いじめ〉問題に敏感になっている方も多いのではないでしょうか？　しかし、ちょっと待ってください。あなたのまわりでは、本当に〈いじめ〉が増えていますか？　学校では子どもたちにしばしば「自分の頭で考える」ことを要求しますが、僕たち教師もこの際、「いじめ問題」を自分の頭で考えてみるというのはどうでしょう。そうしたら、きっと、心がスッと軽くなる発見ができるはずです。

●かわいくなんか思えないとき

〈いじめ〉は、誰だって「なんとかしなくちゃ！」って思いますよね。でも、だからといって、子どもたちのちょっとした喧嘩やいたずらに対してもいちいちお説教や〈教師集団の毅然とした指導〉を考えるようだと、逆効果になると思います。子どもたちを〈監視〉の目で見るようになってしまったら、そこにはもう「教育」なんて存在しないのですから。

　では、子どもたちはいったい、どんな気持ちで毎日を過ごしているのでしょうか。

　じつは、僕は教師になったばかりのころ、授業がへたくそで、いつもビクビクしながら中学生たちの前に立っていました。子どもたちは授業にさっぱり集中してくれないし、ただダルそうに座っているだけの子もいました。担任クラスだって、それこそ「いじめっ子・

いじめられっ子」など、気になる子がたくさんいました。こんなときって、正直言って、子どもたちのことが「かわいい」とは思えないですよねー。心の中で僕は、「しょうがない奴だなー、アイツがいなければ落ち着いたクラスになるのになー」「あー、困った子たちだなー」などと思ったりしていたのでした（ご、ごめんなさーい！）。

●「アイツもいい所あるよ！」というお互いの発見

そんなときに、ワラをもつかむ思いで始めたのが「科学の授業＝仮説実験授業」でした。「これは授業科学です。熱意さえあれば誰でもすぐに真似できます」という言葉にすがって、とりあえず始めてみたのです。そうしたら……。

「予想して実験するからドキドキする」「考える気がする問題ばかりなので、ワクワクする」「友だちとの言い負かしっこ（討論）がたのしい」「こんな授業なら毎日やってほしい」などという感想がいっぱい。要するに、ほとんどの子どもたちが僕の授業を「たのしい！」と言ってくれるようになったのです。

子どもたちは、科学を学ぶことを通して〈自分自身のスバラシサ〉に気がつき、とても感激していました。さらに、討論などを通して〈友だちの（ついでに教師の！）スバラシサ〉にも気がつくようになりました。

こうなると、子どもたちは自ずと仲良しになっちゃうものなんですね。「ちょっとヘンな奴」がいても、やがて「やっぱりアイツもいい所あるよ」と思える機会に出会ったりしますから、意地悪も減ってきます。

こんな感じで、この僕のクラスにも、子どもたちの笑顔が多く見られるようになったのです。〔仮説実験授業については、板倉聖宣《きよのぶ》『仮説実験授業のＡＢＣ』仮説社、などを参照してください〕

●教師にこそ笑顔が必要です

子どもの笑顔が見られるようになって、じつは、僕自身の〈子どもを見る目〉が変わってきました。

「あいつ、どうしようもない奴だなー！」と思っていた子が、「おーっ、アイツもいい所あるじゃないか！」と思えるようになってきたのです。これこそが決定的に重要な変化でした。

この〈教師が子どもをどう見ているのか〉ということが、〈いじめ〉に限らず、子どもたちの諸問題を解決する際に大きく効いていたのです。もしも教師が子どもたちのことを、「アイツ、いない方がいいなー」などと思っていたら、どんなに「人間の尊厳」についてお説教しても、子どもたちの心に空しく響くだけです。いや、そんな先生の〈本心〉は子どもたちに伝染してしまうので、問題解決の一番の妨げになってしまうことだってあるでしょう。

教師が子どもたちのことを「かわいいなー」「いい奴らだなー」と思えているときは、たとえ〈いじめ〉が発生しても解決しやすいでしょう。気持ちにゆとりを持って対応できるし、それに、〈自分たちのことを好いてくれている先生の話〉には、ちゃんと耳を傾けてくれますからね。

自分のことを本当に気にかけてくれる人が一人もいなかったら、そして感激して「ヤッターっ！」と叫びたくなるような時間が持てなかったら、僕だって学校に行きたくなくなります。だからこそ、僕たち教師には（子どもたちにもまして）「たのしい授業」が必要なんです。「たのしい授業」こそが、学校を〈たのしい場所〉〈お互いのスバラシサを発見できる場所〉にすることができるのです。

なお、僕は「授業以外のこと」でも、子どもたちとの人間関係において気を使っていることがあります。〈たのしい人間関係のための考え方と方法〉についてもふれてありますので、参考にしてみてください。

この本の中で、あなたも、〈あなた自身の笑顔〉に出会えるヒントを見つけ出すことができるといいなあ。そう、僕は願っています。

いじめられるということ　いじめと僕とたのしい授業

小原茂巳

いじめられるということ

6年前、土橋武君という少年に出会いました。

彼が中学1年生、そして僕が教師1年目の時でした。僕と彼は、同じ1年B組、担任と生徒という関係でした。

この土橋武君が残していった〈詩〉を、僕はこれから紹介したいのです。

彼の詩の中にも表現されていますが、彼は幼かったとき、ある事情で父と、そして、しばらく後に母と別れて暮らすことになります。

さらに、彼は生まれたばかりのとき、ある病気にかかってしまい、その後遺症で少々、手足が不自由です。そのため、彼はいつも、カケッコではビリでした。学校の成績もビリの方でした。

この〈いじめられ〉っぱなしの土橋武君が「過去」という〈詩〉を書きました。

僕はこの詩から、〈いじめられるということの意味〉、そして、〈強く、やさしく生きぬくこと

の意味〉を学びたいのです。

過去（かこ）

土橋　武（13歳）

わすれるな、何もできなかった自分を。
どんなにもがいても、自由はやってこなかった　少年の日を……。
いつも　チビとよばれ　ビリでしかなかった日を　わすれるな。

わすれようとしたら　明日を燃やす理由がなくなり、今日はすぐ　消えちまう。

わすれるな、何もできなかった自分を。
じゃないと、いざというとき、燃えなくなってしまう。

わすれるな、母さんと父さんがいたころを……。
二人に愛があって、今のぼくが生きているの。
だから、わすれるな、過去の自分を……。過ぎてみても一人の人間でしかない。
母さんにあまえた日　や　さよならいった日、
わすれるな、はじめから　一人じゃなかったことを……。

わすれるな、子どものころの自分を……。
どんなに　愛が大切か　わすれたら、ほんとうの愛を　失ってしまう。

わすれるな、いつもやさしさをえられなかった自分を……。
いつも一人で　むそうにふけって、こどくをわすれようとしたことを……。
わすれるな、愛（ひと）のうらぎりを……。
もし　わすれようとしたら、ほんとうのやさしさを　わすれてしまう。
怒りに燃えてみても　つかれるばかりさ。

わすれるな、過去の想い出が　今の自分を強くしてくれたことを……。
失ったものは過去のおばけに　食べられちゃったんだ。
わすれるな、過去のできごとや自分を。
わすれたら　ほんとうの夢や　愛や　やさしさをわすれてしまう。
いつも思い出して　強く生きるんだ。
人のやさしさを　大きく感じるために……。
わすれるな、自分も過去も……。
明日をつかむために　わすれてはいけない。

土橋君は、正直言って、学校の成績はとても悪かったのです。上のようなすぐれた詩を書きますが、国語の成績は①でした。

でも、土橋君は彼なりに、「今」と「未来」に夢を求め、その夢を実現させようと、ひとふんばりして、みごと、ある都立高校（K工業高校）に合格しました。そして、彼はこの春（一九八一年）、高校を卒業。現在、ある大手自動車会社の工場で勤務しています。とてもたくましい、ステキな社会人になっています。

いじめられても、決してくじけずに、しなやかに、強《したた》かに生きつづける土橋少年。どうぞ、これを読むあなたも、自分の「夢」を求めつづけてくださいね。

いじめるということ

ぼくが子どもだったころの話をしましょう。

子どものころの思い出というと、なぜか今でも強烈に残っているのは、ぼくにとって、恥ずかしいことや、悔やむことばかりです。たとえば、「人にいじわるをした思い出」。なぜか、「いじわるされたこと」よりも、「いじわるした」思い出の方が、ぼくの心の奥にずっとずっと鮮明に残っているのです。

ぼくは、ほんとに〈いじわるな心〉を持った男の子でした。

小学校のとき、ぼくの隣りの席に、ちっちゃな女の子が座っていました。そのころの机は二人分つながっていたので、隣りの席といっても、机は一つです。それでぼくは、授業中、その女の子、M子さんに、よくいじわるをしたものでした。

ぼくだって、ちっちゃいからだだったし、先生にさされても、よく間違えては恥ずかしい思いをしていたのに、なんということでしょう、ぼくはM子さんに、「おまえはチビだ！」「おまえは

頭も悪い奴だ！」なんて、ひど〜いことを平気で言っていました。

ある日のことです。ぼくは初めてマジックペン（油性のサインペン）というものを家の人に買ってもらいました。そんなもの、今ではちっとも珍しくありませんが、そのころは、マジックが発売されたばかりで、それを持っている子なんてめったにいなかったのです。だからぼくは、喜びいさんで、それを持って学校へ行きました。自分の名前を書いたり、動物の絵をかいたりして下敷をマジックだらけにしました。

しばらくたって、ぼくはらくがきにあきてきたので、今度は隣りの席のM子さんに、ちょっかいを出しはじめました。

「よー、おまえ、このらくがき、消しゴムで消せるかよ。これはマジックっていうんだぞ。わかるか。おまえ、買ってもらえないだろう。おまえね、これを消しゴムで消せたら、オレ、おまえに頭下げるぞ。できないだろう、おまえ！」

そうしたら、M子さんは、なんとその日、ずっと消しゴムを動かしつづけました。次の授業も、その次の授業も、そして午後になっても、消しゴムでゴシゴシと下敷のらくがきを消しつづけたのでした。

その結果、帰るころには、ついに、ぼくの下敷のらくがきは、きれいさっぱり消え失せてしまいました。

さて、そこで、ぼくはどうしたと思いますか。

ぼくのプライドは子どもなりに傷つきました。頭を下げるなんて、とんでもない。「消せるはずのないマジックを、こいつ、消しやがった」「こいつ、なまいきだ」と思ったのです。

それでぼくは、M子さんの帰りを待ちぶせしました。そして、友だちといっしょに、M子さんのことを棒でたたいたのです。

いつも、いろんな子にイヤがらせをされて、すぐ涙を流していたM子さんなのに、この時は、なぜか顔をキュッとひきしめて、ぼくらをにらみ返してきました。

ぼくはさらに棒で背中や足をたたきつづけました。でも、その日、彼女は決して涙を流しませんでした。


ぼくは今でも、このことを思い出すと、背中がゾクゾクしてきて、自分がとても恥ずかしくなります。もう20年も前のことなのに、まるで、きのう、いじわるをしたばかりみたいな感じです。彼女がにらみ返してきた顔が忘れられません。


ぼくのいじわるの思い出は、この他にいくつもあります。それらのことを思い出すたびに、今でもぼくはきまって、背中がゾクゾクするような恥ずかしい思いにおそわれます。

では、それらの思い出の何が、どこが、そんなにゾクゾクするほど恥ずかしいのでしょうか。その恥ずかしさの中身をちょっとのぞいてみましょう。

まず、「あー、あの子、あの時、いっぱい傷ついたろうなあ！」「もう、ぼくは、合わす顔がないやー！」というふうに相手のことを思いやったときに感じるつらさ、恥ずかしさ。

そして、「うん、ぼくはほんとは弱虫だったんだなあ。だって、ぼくがいじめた子といえば、きまって、他のみんなからもいじめられていた子じゃないか」「それに、ぼくは一人では人をいじめることなんかできなかった。かならず〈助っ人〉か、〈相棒〉がいてはじめて、ぼくは人にイバッてみせていたんだものなあ」という、自分のみすぼらしい姿に気づいてしまった恥ずかしさ、みじめさ。

〈弱いものいじめ〉……あー、とにかく、これは、やればやるほど自分がみじめになるだけなんですね。「弱いものいじめ」は、おとなになっても忘れられない、にが〜い、にが〜い思い出になってしまいます。

強いものにはペコペコして、弱いものにはいじわるをする――せめて、これからは、こんな人間に、成り下がりたくないものです。これ以上、自分自身をみじめにするなんてイヤですものね。

さて、これを読むアナタは、どちらかと言うと、「人をいじめる側の人間」ですか、それとも、「いじわるをされる側の人間」ですか。

出た〜、僕のクラスにもいじめ

出た〜、出た〜！　僕のクラスにも、いま流行の「いじめ事件」。

中野君という男の子（中学2年生）が、いじめられて登校拒否をおこしちゃった。僕、自転車で中野君の家に行ってみると、中野君、からだを小さくしてこたつに入っていました。

「あのね、教室のみんなが僕を無視するんだよね。昼休み、みんながサッカーしてるところに行っても、知らんぷりしてチームに入れてくれないの。きのうなんか伊藤君に話しかけたら、〈僕、お前としゃべれないんだ。お前としゃべると、今度は僕がみんなに無視されるからね〉って言うんだよ」

「う〜ん、誰がそんなこと言いふらしているのかね」

「うん、鬼島君。鬼島君がみんなに〈アイツを無視しろ〉って言っているらしいの……」

僕の頭の中には、鬼島君の顔がパッと浮かびました。

「うん、うん、鬼島君か、う〜ん、彼ならやりそうだ！」

そういえば、３ヵ月ほど前にも、中野君が、職員室にいた僕に、「先生、僕、意地悪されている。

鬼島君たちに無視されてる」と訴えてきたことがあったっけ。

その時、たしか僕は、「あーそう、で、がまんできない？」「学校、休みたい？」と彼に聞きました。そしたら、中野君、「うん、がまんできるよ。がんばってみる」と答えてきたのです。

「がまんができないんだったら、僕が鬼島を呼んでなんとかしようか？」とも聞きました。中野君は「いいよ、いいよ、がんばってみる」と言うのです。

「うん、それがいいかもね。まずは本人が、がんばれるところまでがんばるのがいいな。お前たちの問題だもんな」と言って、そのお話はそれでおしまいにしました。

でも、彼が職員室から去っていく時、僕、彼の肩を後ろからポンッとたたきましたよ。「つらくて、がまんができなくなったら、必ず僕の所にきてね。がまんするなよ。僕のことも頼りにしてね。じゃーね」

＊

あれから2ヵ月、ついに彼は「もうつらくてガマンできない」と悲鳴をあげてきたわけです。鬼島君の「あいつを無視しろ！」という命令が教室の仲間に徹底され渡ったわけです。

さて、こんな時、あなたならどうしますか？　この「いじめ事件」をどう解決するでしょうか？鬼島君をどうする？

＊

こんな時ですね、その目の前の子どもたちとたのしい授業が実現できている場合は、もうラクチンなんです。鬼島君みたいな威勢のいい奴が、もし自分の授業でハッスルしてくれているものなら、なおさらグッドです。

　僕は鬼島君を相談室に呼びました。

「先生、なーに？　俺、何か悪いことやったっけ？」

「いや、お説教じゃないよ。じつは、鬼島を男と見込んでやってもらいたいことがあってね。こういうことは、力のあるお前さんが一番いいと思ってね」

「それってなーに？」

「あのね、お前さんもうすうす知っていると思うけど、このごろ、中野がみんなに無視されているんだってね。みんなに無視されるんだから、きっとアイツ（中野）にも何か問題があるんだろうね」

「うんうん」（鬼島は「そうだ！」と言わんばかりにうなづく）

「ただね、アイツ、今、相当メイッているみたい。きのう学校休んだので、家に行ってみたら、中野、〈死にたい〉って顔をしてるんだよねー。それで、担任の僕としては困ってる。悩んでる。そこで、鬼島、お前に一肌脱いでもらおうと思って。お前さんの力で、みんなを説得してくれないかなー」

「うん、先生、俺、やってみるよ！　俺にまかしといて！」

　鬼島君は、健さん（高倉健）みたいな顔をして、相談室をさっそうと出て行きました。

（ヨッ！　健さん！　それにしても、よく言うよ。なにが「俺にまかしといて！」だ。いじめの張本人は鬼島、お前じゃーないか！　でも、仮説実験授業で大ハッスルしてくれる鬼島君、実は僕、彼が好きでね。だから僕、こんなこと彼に頼めるわけだ）。

それから数日後、中野君から次のような手紙をもらいました。

僕はやっぱり2―C組はいいなと思った。それは、僕はムシされたけど、今はもうちがう。きのう昼休みに2―Aの前の傘立てに、ちょうど鬼島君がいて、「サッカー、お前もやれば」と言ったけど、僕は「いいよ」とことわってしまった。それは恥ずかしかったからだ。今までサッカーに入れてもらえなかったからである。そして、階段をおりるすんぜん、なんかなみだがでそうになった。やっぱり友だちっていいなと思った。僕も反省し、みんなと仲よくやりたい。これで、友だちというものは大事にしたいと分かった。（中野ゆうじ）

こんな手紙を、中野君からもらって、僕は、うれしくなって、すぐ鬼島君の所にとんで行きました。鬼島君にそっとこの手紙を見せました。肩に手をのせ、「ありがとうね。助かったよ」って言ったら、彼、ニタッと照れて、「いいよ、いいよ」だってさ。

この次の日の朝には、中野君が僕の所にとんできて、「けさ、公園の所で鬼島君が〈一緒に学校行こうぜ〉って、僕を待っててくれてたんだよ」と言うのです。中野君、うれしさで顔がクチャクチャです。

う〜ん、いいね、子どもたちの世界って。キッカケさえつかめれば、いじめなんてカラッと解決しちゃうもんね。そうだね、大人のいじめの方がよっぽど陰湿かもね。

（文中の生徒名はすべて仮名です）

僕のいじめ対策――〈親しさの表現〉という視点から

親しい仲にはいじめあり

人間が10人くらい集まると、必ずって言っていいくらい、その中に「いじめられやすいタイプ」の人間と、「いじめるタイプ」の人間が出てきちゃうみたいですね。

これは、大人の集団と子どもの集団、どっちにも言えることだと思うんです。大人でも、「この人をからかうとおもしろい」という人がいるもの。僕なんか、兄弟が集まったときには、末っ子で甘えん坊だったせいか、よく兄貴たちに、昔のことをネタにいじめられます。僕のことをからかって、みんなで笑い合うんです。

そんなとき、いじめられてるはずの僕まで、なんかヒーロー気分というかイイ気分になって、いっしょに笑っちゃっている。

そんな僕も、別のところでは、反対に、人をからかっちゃうことがあります。たとえば、気心の知れた親友たちといる時には、僕、漫才のツッコミ役というか、いじめ役みたいなことをして、その場を盛り上げたりしてるんです。

そうすると、いじめられ役というか、ボケ役をやるヤツまで現れたりする。「いじめがあると盛り上がる」ということがあるんですよね。……気心の知れた間柄だと、だいたいこんな感じで、ニコニコし合ってられます。

だから、〈いじめになり得ること〉を、すべて――たとえば、「アダナを呼んじゃダメ」「悪口を言っちゃダメ」「こづいてもダメ」ということにすると、かえっておかしくなっちゃうんだよね。なんか、「親しくなっちゃダメ」みたいなことにもなりかねないでしょ。

そういえば、16年ぐらい前の話だけれど、同じ職場に岡本さんという彫刻家（美術講師）がいて、彼はいつも自分のことを「俺は善意の人だー！」なんて笑いながら言っていました。

その彼が、あるクラスで授業をやってて、一人のいじめっ子を見つけたんです。その子は、いつもある特定の子にチョッカイを出している。それで岡本さんは、ついに怒って、そのいじめっ子をつかまえて、プロレス技の「卍《まんじ》固め」をかけたんだそうです。

そしたら、その子は泣きだした。岡本さんは、「ついに俺はいじめっ子を退治したぞー！」って叫んでいました。

ところが、岡本さんが次の授業の時にそのクラスに入っていったら、なんといろんな子どもたちに囲まれて、「先生、ダメだよ！　アイツらは仲が良かったんだよ。アイツら、アーやってふざけてたんだよ。それを泣かせちゃって、先生、ダメだよー！」なんて注意されたそうです。その日も、たしか岡本さんは、「あーあ、俺はやっぱり善意の人だなア！」なんて言って頭をかいてました。

いじめっ子をいじめるのは〈いじめ〉になるか

「親しい者の間での〈いじめ〉は、いじめじゃない」という人がいると思いますけど、僕はその違いが、分かるような分からないような気がするんです。だって、〈陰湿ないじめ〉とかいうのだって、ある種の親しさのあらわれだと思うんですよ。全然関係ない者をいじめるということって、ないんじゃない？　「通りがかりの人をいじめる」とは言わないんじゃない？　〈脅迫〉とか〈恐喝〉なんては言うと思うけど……。

だから、いじめの場面には、〈よい〉とは言えないのかもしれないけど、「人間関係がある」ことは確かでしょ。そうすると、すごく孤独だった子とか、すごくツキアイのいい子とかにとっては、「いじめられても離れがたい」ということがあるんじゃないかという気がするんです。

ただ、子どもたちの中には、〈からかい方〉というか、〈いじめ方〉がすごくヘタクソな奴がいるのは確かですね。

そこで僕は、時に、子どもたちにいじめ方を教えたくなったりするんです。「いじめ方を教える」なんてブッソーな話ですが、まー、簡単に言うと、みんなから浮いている奴を、あたたかくいじめてやる。〈グサッ〉じゃなくてね。

ちょうど末っ子の僕が兄貴たちにからかわれるように、その子をからかって、みんなで笑い合うんです。僕にからかわれた本人も笑えるようなことを言ってね。できたら、ワイワイやりながら教室の人気者にしちゃいたい。せめて、「さみしい、独りぼっち的存在」のイメージを払拭したいんです。

ただし、いじめられてる人が幸せなら、それは〈いじめ〉とは言えないのかもしれませんね。でも、僕、そういうこともよくわからないんです。

だって、「不幸に思う人がイルかイナイかで決まる」のなら、たとえば、仮説実験授業をやって、ラクしながら子どもたちにいっぱい支持されている教師なんか、「がんばってるのに子どもに嫌われてる人」からみれば、その存在自体がいじめかもしれないでしょ。「あいつのおかげで、オレはみじめな毎日だ」って。だからって、子どもたちに歓迎されている仮説実験授業をやめることはないですよね。そうすると、「いじめてる人をいじめるのは〈いじめ〉じゃないのか」ということも気になります。

そういうことがあるから、僕は、「いじめを撲滅しよう」という話には、「ちょっとぉ……」という感じがするんです。いじめっていうのがよくわかんないうちに、「それを撲滅する」って、「そんなことできるのかな？」ということと、「そういう運動って、僕がいじめられそう」という感じがするわけです。

授業とゲーム

僕が〈本格的な科学の授業＝仮説実験授業〉をやり続けるのは、「子どもたちが科学を好きになってくれるから」です。それと同時に、その中で、僕自身、「世の中、いろんなタイプの人間がいるって、たのしいことなんだな。みんな同質の人間ばかりより、その中に異質な人がいると、もっともっとたのしくなれるんだな」ということを実感してきました。いろんなタイプの子どもたちのすばらしさを発見することができました。もしかすると、子どもたちの方が僕よりも先にそういうことを感じとっていたのかもしれません。

そういうことと〈いじめ〉がどう関係するのか、よくは分からないんですけど、僕はぜったいに関係があると思います。〈いじめ〉は人間関係とつながっているんだから、人間関係がよくなるような授業（たのしい授業）をぬきにしていじめ問題を考えるのは、少なくとも教師としては、むなしいことだと思うんです。

ただ、ぼくも少しは「授業以外のこと」に気を使っているので、それも紹介しておきます。

その一つは、数年前からですけど、僕自身の〈いじめ〉の経験を書いたものなど（前出の「いじめられるということ」「いじめるということ」）を配って、それをさっと読み上げてるだけです。いつも新学年のはじめころにやっているんですけど、けっこうみんな、面白がってくれてます。

それから、班がえの後は、簡単な班対抗ゲームをすることにしています。

班がえ（席がえ）なんかの時に、ちょっとイヤな雰囲気になったりすることがあるんですよ。新しい班員を知って、「ヤッター」と喜ぶ声も聞こえるのですが、時に「あーぁ、私、イヤだー！」などと言う声が聞こえたりします。

そんな時に班対抗ゲームをすると、勝ちたいもんだから、「アイツのこと、よくわかんない」「イヤだなー」と思っていた奴とも、いつの間にか肩を組んで協力しちゃうじゃないですか。勝った時は思わず抱き合ったりしててね。ゲームなどで、助け合ったり、キャーキャー笑い合ったりしているうちに、それまでお互いに抱いていたマイナスのイメージを払拭できるといいと思うんです。

こんな時の僕のオススメは、「小川洋式・クイズ　一〇〇人に聞きましたゲーム」（『教室の定番ゲーム1』仮説社、所収）です。みんなでニコニコと、知恵を出し合ってたのしめるゲームなので、オススメします。

ゲームによっては興奮して勝負にこだわりすぎて、「アイツがいるせいで僕たちの班はいつも負けてしまう。なんだよアイツ、いない方がいいよ」みたいな状況になる可能性もあります。どんなゲームをするにしても、クラスの状況を無視しないでくださいね。

もし、いじめられっ子がいたら

さて、実際に、いじめられっ子（いじめられ気味な子）が教室にいた場合は、どうしたものでしょう？

僕は、そういう子には、〈放っておきつつ、時々、声をかける〉ということをしています。その声のかけ方・回数は、まちまちですが、だいたいこんなことをそっと耳元で言います。「だいじょうぶかぁ」「つらい時はいつでも言ってね」「どう、このごろ？　つらくなぁい？」「死にたくなったら必ず言えよ。俺、必ず助けるから」「困ってることないか？　グチがあったらいつでも言えよ」……。

僕は、できるだけ「〈その子を助ける〉って感じで前面に出ることは避けたい」と思っているんです。僕が正面に出るとうまくいくという保証はないし、僕がいない所で陰湿にやられちゃーかわいそうだし。だから、こんなふうに話しかけることもあります。

「ときどきチョッカイを出されているようだけど、だいじょうぶかぁ。つらいだろうけれど、がんばってな。これ、お前自身の問題でもあるしな……。だけど、キツかったら必ず俺に言ってね。君がやってほしいように、俺、協力するから」

……「だいじょうぶかぁ？」という問いかけに、「だいじょうぶです」と答えてきたら、僕は必ず肩をたたいて、「えらいね、お前は。自分でがんばってるんだね。強くなれるよ」なんて、ほめます。掛け値なしに、えらいと思います。だけど、正直に「ツライ」と言えないときだってありますよね。そこで、「本当に困った時やツライ時は、勇気を持って、ほかの人にも相談しろよな。俺のこともアテにしてよね」などとも言っておきます。

いじめられっ子にとっては、時々、「だいじょうぶかぁ？」と声をかけてくれる大人がいるかどうかって、すごく大きいことじゃないかなと思うんです。

悪に強いは善にも強い

「だいじょうぶか？」と聞いて、「だめです」と言われる（察知する）ことも、たまにはあります。そんなときの決まった方法というのはないんですけど、どっちかというと、それは「親しくなるチャンス」という感じです（そんな「感じ」は、小原『授業を楽しむ子どもたち』『たのしい教師入門』仮説社、参照）。

たとえば、いじめてる奴が教室にいたらどうしましょう？

ぼくは教室で、よく、「ツッパルんだったら、しかめっ面してみんなに恐がられるツッパリじゃなくて、みんなに喜ばれる、頼られるツッパリになってよ」なんて言ってるんです。僕は、ツッパること自体は否定したくないんです。それも主体性の一つ。

だけど、どうせ目立ちたいなら、みんなに喜ばれる〈エンターテイナー的ツッパリ君〉であってほしいのです。だから僕は、わざわざ「エンターテイナー」という字を書いて、彼らに教えることがあります。実際、彼らはしばしば仮説実験授業の時に〈エンターテイナー的活躍〉をしてくれるんです。

彼らは優等生たちと違って、間違いを恐れずに、思ったことをドンドン言ってきます。時に、奇想天外な発想を出してくれます。これは、教室のみんなに大いに喜ばれます。また、わからない時は正直に「ワカンナイヨー！」と叫びますから、ワカッタふりをしていた多くの子どもたちにありがたがられるわけです。

さて、実際に、〈一人の男の子をみんなで無視する〉といういじめがあったとしましょう。そんな時、僕は、しばしば、ツッパリ君たちを頼りにします。特に、そのいじめの中心人物である大物に頼めるといいですね。

「聞くところによると、どうもこのクラスにいじめがあるみたいなんですよ。僕が乗り出してもいいんだけど、こんな時は、やっぱり君が頼りだな。このクラスで一番力を持っているのは君じゃないですか。教師の俺の一言より、こんな時に効き目があるのは君の一言じゃないかな。なんとか力になってくれないかなー」

こんな感じで頼むと、たいていは、「じゃー、俺がやりますよ」なんて、急に「高倉健さん」（ヤクザ映画の善玉）になってくれるわけです。正義感が強い彼らには、その正義感に訴えて、一肌脱いでもらおうというわけです。

だけど、これは、子どもたちとかなりイイ関係にある時じゃないと頼めませんよね。押しつけばかりしていて〈いじめの象徴〉みたいな教師だったら、「仕返しのチャンス」と思われかねないもの。

だから、やっぱり、ぼくら教師にとっては、子どもたちが喜ぶ授業をこそ、一時間でも多くやることが大切だと思います。

＊一九九四年5月「たのしい教師入門講座」（久留米市民会館）での話の一部。豆田泰典さんが記録してくださったものをもとに、小原が大幅に加筆しました。

先生になりたくないから

佐藤美帆さん（中学生）の質問
「小原先生はどうして先生になったの?」に対する答えにならない答え

僕は正直言って、大学4年生になるまで、まったくといっていいくらい先生になるつもりはありませんでした。小学校から高校にいたるまで、「好きな先生」といえる先生には、ほとんど出会えませんでした。反対に、イヤーな感じの先生には、何人か出会いました。

期待されるつらさ

まず、中学の時のA先生。

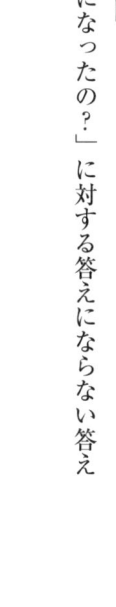

A先生は、僕たち生徒を「いい子」と「わるい子」にいつも分けたがっていたような気がします。だれかが失敗をしでかすと、すぐ他のだれかと比較して、「あなたはだらしないわね。○○君を見習いなさい」なんていうお説教を、よくやっていました。

僕は友だちと比較されて、「お前はダメな奴だ!」と言われるのもいやですが、友だちが説教される時、「いいですか、小原君を見習いなさい!」なんて、僕の名前が使われるのが、う〜んと、

う〜んと、イヤでした。

A先生は、「いい子」と「わるい子」を同じ班にして、「いい子」によって「わるい子」を直そうと考えているようでした。

僕は、A先生に「わるい子」と見られるのもイヤだけど、「いい子」と見られるのもイヤでした。「いい子」になると、今までどおり、仲間みんなとキラクにおしゃべりしたり、悩みを打ち明けあったりできなくなるような気がしたからです。

僕はいつも、「あー、先生、〈いい子〉と〈わるい子〉なんて分け方・見方をやめてくれないかな。僕たちみんな同じ仲間だもの。いろんな友だちと、けっこう楽しくやれているもの……」と、子ども心に願っていました。

じっさい、僕たちの教室のみんなは、いたずらっ子はいたずらっ子なりに、勉強好きは勉強好きなりに、おとなしい子はおとなしい子なりに、それぞれ親しくしていたし、時にはいろんな子が入りまじって、笑いあっていました。

*

2学期、困ったことになったのです。

どういうわけか、僕が学級委員に選ばれたのです。A先生は、僕にとても期待をかけてきました。

「さあ、小原君、学級委員よ。クラスをまとめるのに精一杯がんばってくださいよ。ちょっとした悪いことでも許さない、そんな強い学級委員になってくださいよ。そして、みんなで、そんな教室をつくってくださいよ」

僕は、いたずらっ子たちと、いっぱい友だちだったものだから、「さあ、困ったことになったぞ」と思いました。

案の定、学級委員に選ばれてからというもの、僕はA先生によって、「いい子」の役をいっぱいさせられました。

A先生に期待されればされるほど、いろんな大切な友だちが、僕からどんどん去っていくような気がしました。

ある朝の学活でのことです。

僕はみんなの前で、A先生に向かって、「学級委員、やめさせてください」と訴えました。恥ずかしいことですが、中学1年生の僕は、そのとき涙を流していました。僕にとってそれは勇気のいる行為だったのです。

まったく期待されないみじめさ

もう一人の先生の話をしましょう。

高校3年の時の担任、B先生。B先生は英語の先生で、教科書以外にも大学受験用のテキストを使って、とてもキビキビした授業をしていました。

「この問題は、2年前、東北大学の入試に出題された問題だ」などと、受験問題をよく研究しておられるようでした。

質問の仕方も鋭いものです。執拗です。「で、どうなんだ！」「君は結局、何を言いたいのだ！」

ところが、この先生が授業で指名する生徒はいつも決まっていました。5～6名の成績の優秀な生徒ばかり指名していました。

僕は英語の時間、ひとりで自分の問題集を解いていました。みじめだったような気がします。しかし、それでも僕は、ほんの時たまですが指名されることもあったからいいほうかもしれません。まったく無視されていた仲間もいっぱいいました。彼らは、後ろの方でねむっていたり、退屈そうに外をながめていました。

僕はひとりで問題集を解いているときでさえ、「あ～、あいつらに悪いな！」と、暗い気持ちでいました。

＊

僕は父の母校、H大学を受験しようと思っていました。

ところが、担任のB先生は、「小原君、それは無理だと思うな。君にはO大学を推せんしてあげよう。あそこなら大丈夫だ。今度、お父さんといっしょに面接試験をうけてきたらいい」と言うのです。

僕はこのとき、とてもみじめな気持ちになりました。そして、その1ヵ月後、さらに僕はみじめになったのです。つまり、「ここなら君でも入れるよ」と言われたO大学から、不合格通知が家に届いたのです。

僕は、自分自身へのみじめさとB先生への反発から、猛烈に受験勉強をしはじめました。そして、次の年、H大学を受験し、合格しました。

僕はB先生に、「おかげさまで合格しました」と、報告しにいきました。そうしたら、B先生は「おー、すごいなー。君は我が校のダークホースだ！」と言うわけです。

僕は「ダークホースだ」という意味がわかりませんでした。

それで家に帰って辞書で調べてみたら、けっきょく、「意外だ」「まぐれだ」ってことなんですね。

僕はこのとき、もう、「先生」という人種にとことんイヤ気がさしました。

ところが、今、僕は「中学校の先生」をやっているわけです。どうしたことでしょう。

メチャクチャな僕

僕は、今から6年前、教師1年生として、緊張して子どもたちの前に立ちました。

さて、教師1年目の時の僕は、子どもたちの目にどんなふうにうつったのでしょうか。

はじめての教え子、土橋君（当時中2）は、僕のことを「メチャクチャな先生だ」と言い切っています。

僕のために土橋くんが書いてくれた「感想文」、恥ずかしいけれど、ここで公開します。この土橋君の通信簿の成績は、1年のときは、ほとんど①と②の子でした。

先生に　なりたく　ないから

土橋　武

ぼくにべんきょうのたのしさをおしえてくれたのは　小原先生、君なんだ。

学校は　数学や英語しか　おしえなくて　何もぼくにおしえてくれないところだと思った。
先生は　メチャクチャ。
でも　そこがいい。
いつか　小原先生みたいな先生になるんだ。そうぜったいに。
ぼくは　先生になりたくないから　先生になりたい。
もう　小原先生は友だち。会えてぼくはラッキーな存在。
たのしくなければ　べんきょうじゃない。
もし　ぼくが先生だったら　できる人やできない人をつくってお金をもらいたくないと思う。
小原先生は科学の先生。でも決して科学だけおしえない。
手をあげるたのしさ。勇気をあたえてくれるたのしさ。
点なんてかんけいない。
小原先生は　先生にみえない。
ぼくは　メチャクチャなところが好きなんだ。
100点とるより、何もできないぼくをかえたのだから。その方がもっと価値があると思う。
小原先生は　コソコソ人間をつくらない。

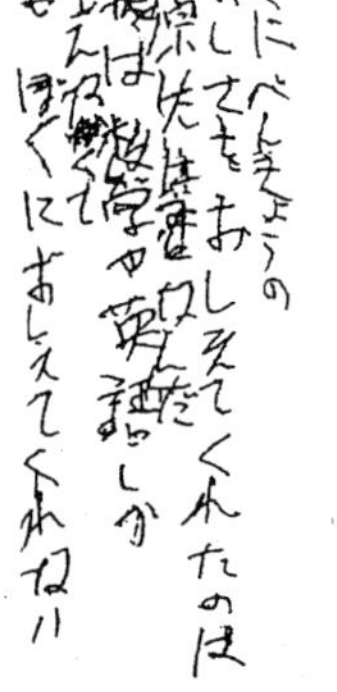

メチャクチャな先生だから、ぼくは先生が好きだ。

（一九七六年11月23日）


僕は5年前に書かれたこの土橋武君の文を読み進むうち、冷汗が出ます。

「あー、今の僕、目の前の子どもたちに、〈べんきょうのたのしさ〉〈手をあげるたのしさ〉〈勇気をあたえてくれるたのしさ〉を味あわせているかなー。う〜ん、怪しいぞ……」

そう思って、とても不安になります。恥ずかしくなります。

さらに土橋君は、僕ら「先生」に向かって、かなり厳しいことも書いているんですね。

「もし、ぼくが先生だったら　できる人やできない人をつくってお金をもらいたくないと思う」

「ぼくは　先生になりたくないから　先生になりたい」

この二つの「先生に対する訴え」についても、今の僕、ちょっぴりあせります。不安になります。

＊

さて、最後に、佐藤美帆さんの質問、「小原先生は、どうして先生になったの？」についての答え。

それは、土橋君の言葉をかりていえば、

「僕は　先生になりたくないから、先生になった！」

と言えるでしょうか。


これ、チョット、カッコツケスギかな？？？？

3人のおばあちゃん

塩田君の家に、家庭訪問でおじゃました時です。

僕は、塩田君と塩田君のお母さんとで、お話をしていました。

だいたい10分ぐらいたった頃でしょうか、そこに塩田君のおばあちゃんが入ってきました。

おばあちゃんは、手作りのようかんと、あったかい日本茶を出してくださいました。僕は、水ようかんとお茶が大好き。「どうもどうも、すいませ〜ん」、おばあちゃんにお礼を言いました。あったかいお茶を一口いただいてから、また塩田君とお母さんの方を向きました。お母さんはとってもきさくな人。お互い、気らくに楽しく、おしゃべりを進めることができました。

ところで、おばあちゃんはそのまま、僕の隣りにチョコンと座っているのです。ニコニコと笑みを浮かべて、僕らの会話を聞いているのです。20分たち、30分たって、おばあちゃんは立ち上がろうとしません。ニコニコしているだけで、口はほとんど開きません。

僕は、時計を見ます。「あっ、いけない。そろそろ失礼しなくちゃー」

最後に、「僕、とにかく〈子どもたちと楽しい授業をしたいな、楽しく生活したいな〉と思っています。どうぞ1年間、よろしくお願いします」と、あいさつして、あわてて立ち上がりました。

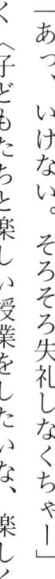

僕にあわせて、塩田君とお母さんも、スッと立ち上がりました。おばあちゃんは、ゆっくりと立ち上がりました。

玄関でくつをはいて、「それでは、どうも失礼します」と、最後のあいさつをしかけた時です。塩田君の隣りに静かに立っていたおばあちゃんが「あのね、先生……」と、僕に話しかけてきたのです。

「あのね、先生。私は小原先生の出してくださる〈かわら版〉を、とても楽しみにしているんですよ」

「あっ、どうも、あの授業通信のことですか……」

「この間、科学の授業の様子が報告されていたのがあったでしょう。あの〈かわら版〉を読んでね、私、〈あっ、この授業はドラマになるなー！〉って思ったんですよ」

「えっ、ドラマに……」

「あの授業、本当に楽しそうで……」

「どうも、どうも……」

「とにかく、あの〈かわら版〉、私、とっても楽しみにしていますよ」

「どうも……」

おばあちゃんにこんなことを言ってもらえた僕、この時、すごくテレてしまいました。きっとおばあちゃんは、このことを僕に伝えたくて、ずっと、30分もの間、僕の家庭訪問につきあってくださったのです。僕はとってもうれしかったです。それなのに、この時、僕は「どうも、どうも……」としか答えられませんでした。僕、はずかしがり屋ですね。

僕のいなかのおふくろの「小原かの」さんは、たしか今年で76歳。

僕は、時々、僕の書いたもの、授業通信〈科学かわら版〉や授業記録などを郵送しています。僕は、いなかのおばあちゃんみたいな人にも、わかって楽しんでもらえる記録が書きたいのです。ところで、かのさんは、あまり感想を言ってくれません。そんなこともあって、塩田君のおばあちゃんからの感想の言葉は、僕にとって、とてもうれしいものだったのです。僕は、「きっとかのさんの感想も、塩田君のおばあちゃんの感想と同じなんだろうな」と勝手に思い込むことにしました。

なお、かのさんはこのごろ、〈自分が若かった頃のこと〉をびっしり広告の裏などに書きつづって、僕に送ってくれるようになりました。これらの手紙は、きっと僕にとって大切な大切なものになることでしょう。

僕の家に、おむつがどっさり入った小包が届いたことがありました。

そのおむつは、すべて手作りのもので、なんと40枚もありました。ちょうど、我が家の長女の風子（ふうこ）がうまれる1ヵ月ほど前のことでした。

僕はびっくりしました。「おむつを送ってくれる人なんて、いったい誰だろう?」と、その小包の差し出し人の名前をみると、「土橋キヨ」と書かれていました。土橋キヨさん——僕の教え子だった土橋武君（当時、中学1年生）のおばあちゃんなのです。

土橋君は、ある事情で、両親ともいません。それで、このおばあちゃんが、一人で、孫の武君を育てていたのです。

土橋君は、とっても勉強の苦手な子でした。通信簿の成績（5段階相対評価）でいうと、ほとんど①と②でした。そんな土橋君が、僕の科学の授業（仮説実験授業）がキッカケで、科学が大好きになったのです。そして、自分にもいっぱい自信を持ちはじめました（この時の記録は、『授業を楽しむ子どもたち』仮説社に、「とびだした土橋君」と題して載せてあります）。

「学校なんか大嫌い」と言っていた孫が、「僕、学校、大好き。討論、大好き」なんて言いはじめたわけです。おばあちゃんは、すごくびっくりしたと同時に、うれしくてたまらなかったのでしょう。

おばあちゃんは、授業参観などにも、必ず顔を出してくださるようになりました。

そんなおばあちゃんからの、心あたたまる手作りのおむつ40枚。

僕は、もう、うれしくて、うれしくてね……。

たのしい授業は、おばあちゃんたちとのステキな出会いのキッカケまで、作ってくれました。

これじゃー、僕、やっぱり、明日からも、たのしい授業のために、ハッスルしなくちゃーね！

アメを食べたヨーコの指導

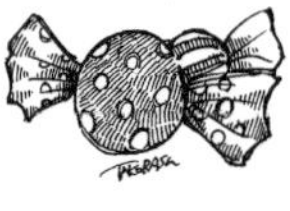

アメを食べていた子の指導、お願いしますね

僕がずっと前に勤めていた中学校での出来事です。

朝の職員打ち合わせのときに、A先生が生活指導のことで報告しはじめました。

「どうも2年生の中に、休み時間とか学校の帰り道にアメを食べている生徒がいるらしい。その中の一人ははっきりしています。今日の放課後、その子の指導をしたいと思います」

――う〜ん、その子って誰だろう？（このとき、僕は朝のせいか、まだボーッとしている）。A先生は渋い顔で話を続けます。

「はっきりしているのは、3組のヨーコ（仮名）です！　あの子は学級委員ですよ。みんなの規範になるべき存在なのに規則違反をしました。しょうがない奴だよなー！」

――ヨーコ!?　なんだよー、俺のクラスのヨーコじゃないかー!?

「ヨーコ」という名前が耳に飛び込んできた途端、僕の目がパチッと開いてしまいました。A先生は続けます。

「ヨーコの放課後の指導、よろしくお願いします。指導には、学級委員会担当の私も参加します。それから、生活指導のB先生、担任の小原先生もお願いしますね！」

ヨーコというのは、思いついたことをそのまま大きな声でズバッズバッと言っちゃうような生徒なのです。クラスの仲間や担任の僕の提案が気に入らなかったりすると、彼女の大きな声が教室に響きわたります。

「えーっ、そんなのヤだー！　絶対ヤだー！　ねっ、みんなもヤだよねー‼」

こんなふうに言われると、大人の僕でさえタラーッとしたり、ときには「そんな言い方はないだろう！」とキレてしまったり、不機嫌になってしまうことがあります。しかし、まわりの生徒へのヨーコの影響力は絶大なので、僕は正直なところ彼女を相手にするときはかなり気を使ってしまいます。結局は、僕はヨーコを苦手としていて、残念ながら彼女のことを心の底から「かわいい」とは思えないでいるのです。

なんだ、その態度は！

さて、そんなヨーコとの放課後の「生活指導」……。僕はズーンと気が重くなってきてしまいました。放課後の会議室で、はじめに話を切り出したのはA先生です。

「〈ヨーコが学校でアメを食べている〉という情報があるけど、本当なのか？　いつどこで誰と食べていたんだ？」

ヨーコの口は重そうでした。

「いや……、私が口にしていたのはノドアメです。部活の帰りにノドが痛かったので食べました」

「そうかー？　でもなー、聞くところによると、休み時間に教室で友だちとアメをなめていたそうだぞ！　どうなんだ？」

ヨーコは、少しふてくされ始めました。

「いや、はいっ。……そうですかぁ～」

この時、突然、若いB先生が怒鳴りました。

「なんだ、その態度は！　はっきりと正直なことを言えばいいじゃないか！」

なかなかの迫力です。僕まで一瞬ドキッとして、姿勢を改めてしまいました。その後も、B先生は強い口調でお説教を続けました。

それからのヨーコは、アメを家から持ってきて友だちと食べていたことなどについて、正直に話し始めたのでした。

――おーっ！　ヨーコはこんなに素直になることがあるんだー（いや、ただ恐いから従順になっていたのかも……？）。

この後も、A先生とB先生がかわるがわるにお説教を続けていきました。

「ところで、ヨーコは少しワガママが過ぎないか？　自分の気持ちばかりを大声で言って、あれで人が傷ついたり、まわりが我慢してつきあっていたりすることを、考えたりしたことがあるのか？」

――うんっ？　話が「アメ」から変わった?!　ついでに別件もやっちゃうなんて、ちょっとズルイかも!?　でもなー、A先生ったら、〈僕がヨーコに言いづらかったこと〉をズバッと言ってくれてるなー。ありがたくもあるなー。

「それから、授業中の態度。ときどき、近くの生徒と勝手な話をすることがあるんだよなー。あれ、先生をすごく不愉快にさせるから気をつけなさい！」

――おやおや、この先生もヨーコに苦労しているんだー。

「それにこの間給食指導に行ったとき、ヨーコは〈私、その魚2個食べたい！〉なんて言ってまわりのことなど気にせず、すぐおかわりをしていたな！　あーいう態度はよくない！」

「今回の規則違反の件で、ヨーコの部活もしばらく休部になるだろうな！」……

――うんっ？　こんなことまで言うことないなー。ヨーコは下を向き始めたじゃないかー。やっぱり別件はやめた方がいいなー。でもなー、今この重い雰囲気からして、僕が「今は、アメの件の指導でしょう。別件はやめましょうよ！」なんて言えないやー（ナサケナイ）。2人のお説教で、30分も過ぎてしまいました。

そろそろ、担任の僕に話がまわってくるかもしれないぞ……。僕は「何を話すべきか？」――胸がドキドキしはじめました。ついに、A先生が「小原先生もビシッと言ってくださいよ」と言わんばかりの顔で僕に話しかけてきました。

「小原先生、いかがですか？」

さてこのとき、僕はどんな話をしたでしょう？　アナタなら、どんな話をしますか？

この機会を「シメタ！」に

僕は、シャキッとした口調で言いました。

「わかりました。この後、２人だけになって話をします！　先生方、どうも!!」

僕が言ったのはこれだけです。つまり、僕は２人の同僚に退席してもらうようにうながしたのでした（「この後、ビシッとやります！」というような顔をしてね……）。「２人きりになったら同僚の存在に気を使う必要がなく、自分のペースでもって話が進められる」と思ったからです。

こんなとき、よくある失敗は、「同僚の目（評価）を意識するあまり、自分が言いたいことを言わないですましてしまう」ことです。僕も、しばしば自分で勝手に描いてしまう〈他人の評価の影〉におびえて、自己主張をしないですましてしまうことがあります。これはナサケナイですね。自分がイヤになってしまいます。そこでここではとりあえず、同僚に退席してもらう道を選んだのでした。

じつは、僕は同僚のお説教中にずーっと、〈この機会をシメタにするにはどうしたらいいのだろう〉ということを考えていたのでした。この場合のシメタとは？――できたら、今回の指導（お説教）後に、〈僕とヨーコの関係がちょっぴりでもイイ方に向かえないか〉ということです。最悪でも、〈これ以上悪い関係にならないように〉進められたらシメタです。

そのためには、お説教は「明確に、手短に！」をこころがけることです。そして、その後に、できたら相手が明るく元気に先に進めるように応援してあげることです。

僕は、まず、ヨーコが下を向いてションボリしているのを見て、「長い時間の説教で大変だったねー」と話しかけました。これは、僕自身〈アメぐらいのことで長すぎるよなー。しつこいなー〉とも思っていたので、僕の正直な気持ちでもありました。

「アメのことはもう反省しているようだから、僕からは何もないよ。それより今、僕に言いたいことはないか？　いろんなこと言われて、〈悲しい〉とか〈悔しい〉とか〈これはわかってほしい〉とか……。なんでもいいから、言いたいことがあったら言ってみていいよ……」

今日はたまたま2人の先生がお説教をしてくれたので（明確・手短ではなく、しつこく長かったのですが）、僕のお説教は省略しました。

先生、どうもありがとう

ヨーコは、さっきからずーっと下を向いたまま黙っています。そんな姿のヨーコを見て、僕はなんだかかわいそうになってきました。

「あー、こんなに元気をなくしているヨーコを見るのは、はじめてだなー」「そういえば、ヨーコの元気さって、キツイ面だけじゃないぞ。イイ面もいっぱいあるなー。たとえば、教室のみんなを元気いっぱいにしてくれるところがあるなー」

「体育大会のとき、〈みんな優勝めざしてがんばろう！〉と大声で叫んで、実際にクラスを優勝に導いたのはヨーコだもんなー。おかげで、担任の僕までイイ思いをさせてもらったなー！」

「それに、僕の授業（仮説実験授業）のときだって、意見を言って授業を盛り上げてくれているのはヨーコじゃないか！」

――このとき僕には、不思議なくらい〈ヨーコのよさ〉がいくつも頭に浮かんできたのでした。それからは、ヨーコに〈ヨーコのよさ〉を語り、「これからも今までどおりヨーコらしく元気にやってほしい」ということを話しました。

ふと、ヨーコの顔を見ると、ヨーコの目に涙があふれているではありませんか。う〜ん、僕まで、目頭があつくなってきちゃったよー（ヨーコってかわいいなー）。――僕は、ヨーコへの苦手意識がちょっぴり薄らいでいるのを感じました。

でも、その数分後のことです。

ヨーコは、いつもの強い口調でもっと話し始めました。

「でも、先生ー！　アメのことは悪いと思うけど、給食のおかわりのしかたとか、部活のこととか、関係のないことまで言い出すなんて、先生たち、ヒドイと思うんですけど！」

「うんっ、その通り！　僕もそう思った！」

「そうですよねー。それに、……」

おーっ、しっかりもとの元気なヨーコに戻っているぞ！　僕は、正直、ホッと胸をなでおろしたのでした。

このあと、僕とヨーコは「部活が休部にならないようにするにはどうしたらよいか」「親にアメの件でしかられた場合、どうしたらよいか」などについて話し合いました。そして、1時間後、ヨーコは僕に「先生、どうもありがとう」という言葉と思いっきりの笑顔を残して、会議室を出ていきました。う〜ん、これって〈生徒と教師のイイ関係〉の予感かも!!

問題が起ったときこそチャンス

ところで、僕は仮説実験授業をやっていて、しばしば〈子どもたちの輝く姿〉を見ることができます。今回も〈ヨーコのよさ〉に気づくことができたのは、この仮説実験授業の実践があったからです。〈ヨーコの輝く姿〉を授業の中で見ることができていたからです。これがすごく大きいですね。

担任としては日々のつきあいの中で、つい〈子どもたちのイヤな面〉だけが気になってしまいます。でも、仮説実験授業のときのことを思い出せば、自然に「そんなにイヤな奴じゃないぞ。おもしろい子かもしれないぞ」と思えてくるのです。

そういう実感があるからこそ、今回のように〈子どもたちが問題を起こしたときこそ、チャンス！〉とも言えるのです。

問題を起こしてしまった人間は、誰でもが「あーっ、やっちゃったー！」と心の中で思っているものです。そんなときは誰もが、〈自分のモヤモヤや言い分を聞いてくれたり〉〈「ここはまずかったね」とはっきり指摘してお説教してくれたり〉〈心から励ましてくれたり〉――そんなことをしてくれる「他人の存在」をありがたく思うものではないでしょうか。

そう、問題を起こしてしまった子どもを前にしたときは、〈自分がそういうありがたい存在になれるチャンス〉かもしれないのです。少なくとも僕はそう考えるようにしているのです。

ところで、いくつになっても、僕は、「生活指導」なんて苦手だなー。「たのしい授業」で、たのしい関係。うん、こっちの方がいいやー。

自分のスバラシサを発見するとき

他人が描いてくれる夢のおそろしさ

人は誰だって、他人が勝手に自分（僕・私）の夢を描いて、その夢に沿って自分を変えようとしてきたら、その本人は圧迫感や屈辱感を感じてしまうものでしょう。夢を描く方はその動機が善意であることがほとんどなのですが、描かれる方はそれが善意であるがゆえに断りづらくて、かえってツラーイ気持ちになってしまうものです。

「他人が描いてくれる夢のおそろしさ」―― これは教育の現場に立つ僕として、いつも気に留めておきたいと思っていることの一つなのです（板倉聖宣「他人が描いてくれる夢のおそろしさ」『仮説実験授業の研究論と組織論』仮説社、参照）。

その点、自分の意志でもって、自分の夢に向かって自らの歩みを踏み出せたら、シアワセですね。その結果はいつも自分の望みどおりとは言えないかもしれません。でもそれが自分の夢、自分自身の判断にもとづくものなら、「あー、私にもこんなすばらしい所があったんだー！」「僕もまんざら捨てたもんじゃないな！」などと、心の底から自分に自信と意欲を持つことができるのではないでしょうか。もしかすると「自己変革」というのはそういうことかもしれません。

教師である僕は、「そのお手伝いができたらいいなー」と思っています。だから僕は〈自分のスバラシサの発見の機会を与える授業（仮説実験授業）〉を子どもたちに提供し続けているのです。そして、そのことが〈僕自身のスバラシサの発見（僕の喜び）〉にもつながっているのです。

今回は、そんなことを僕に強く確信させてくれた、ある生徒の話を紹介したいと思います。

〈教室においでよ〉と誘って恥ずかしくない授業？

9月8日水曜日、中1の5時間目の理科の授業のことです。

「おっ、今日は小林君が教室にいるぞ！」―― 教室の一番後ろの席に小林君（仮名）の姿がありました。小林君はじーっと下を向いて座っています。

じつは、小林君はこの5月から1学期終了時までのほぼ3ヵ月間、ずっと不登校だった生徒なのです。親にうながされて、たまに登校することもありましたが、そのときは他のみんなと顔を合わせないように、故意に時間をずらし、校舎裏からこっそりと相談室に入っていたのでした。

2学期になってからは、なんとか登校するようになったのですが、授業には毎日1～2時間ほどしか出ませんでした。「体調が悪い」といって、しばしば保健室や相談室にこもってしまうのです。

僕は小林君の担任ではないのですが、僕の所属の学年の生徒であるということで、相談室にいる小林君に会いに行ったことがあります。でもそのときは、小林君の方から話しかけてくるということはありませんでした。こちらが話しかけてやっと反応してくるのです。それも、口で答えるのではなく、首を縦に上下させるか、横に振るという反応なのです。

そんな小林君が、今、僕の授業で、目の前に座っている。

僕は、ちょうど2学期になったのをキッカケに、この日の授業に仮説実験授業《光と虫めがね》を用意していました。だから正直、「あー、小林君はちょうどイイときに来てくれたなー。僕はラッキーだなー。うれしいなー！」と心の底から思ったのでした。

仮説実験授業なら、教室のほとんどすべての子どもたちが歓迎してくれることが予想できます。きっと、授業終了時点で、教室のみんなが、「あー、たのしかったー」という気分になってくれるはずです。

「だから、小林君もいい気持ちになってくれるかもしれないぞ。もしかして小林君の笑顔が見れるかもしれない……」

そんなことを想像すると、僕の胸はドキドキしてきました。

ところで、もしもこの日の授業が〈退屈なもの〉だったり、〈押しつけや苦痛を与えるもの〉だったとしたらどうでしょう。せっかく、やっとの思いで教室（授業）に来てくれたのに、「あー、やっぱりここはツライ所なんだ。ここに居ても苦しくなるばかり……。やっぱりここはボクの居場所じゃないや……」などと思われたりしたら、すごく申し訳ないことになってしまいます。

じつは、僕も含めて大人たちは、不登校気味の子どもたちに対して「とにかく学校に来るといいな」「できたら教室に入ってくれるといいな」「授業を受けてほしいな」などと望んでいます。

しかし、肝心の「彼らを迎える学校・教室・授業」が〈子どもたちにとって居心地のいいところ〉〈たのしいところ〉なのかどうかは、あまり真剣に考えていないんじゃないでしょうか。

そういう僕だって、正直言っていつも自信があるわけではありません。でも僕には「これなら間違いなく子どもたちが喜んでくれるだろう」と予想できる授業（＝仮説実験授業）があって、それをときどきだけれど子どもたちに提供できている。それで、僕はとりあえず子どもたちには勘弁してもらっているのです。

「問題」が面白ければ押し付ける必要はない

この日は授業公開の日だったので、教室の後ろには5〜6名のお母さんたちがきていました。また、市教育相談所の村野久子先生の姿もありました。村野先生は、小林君のお母さんの相談にものっているので、小林君のことはよく知っています。それで村野先生はきっと小林君のいる教室をのぞきにきてくれたのでしょう。

さて、《光と虫めがね》の授業の始まりです。

授業が始まれば、僕は小林君のことばかり気にしているわけにはいきません。教室の子ども全員が気分よく授業が受けられることを願いつつ、僕は授業に入っていきました。

はじめは、参観授業のせいか、子どもたちは緊張気味で教室はシーンと静まりかえっていました。でも、〔問題1〕（次ぺ参照）を前にしたとたん、子どもたちはザワザワと反応しだしました。

「えーっ、こんなことやったことないよー！」「月で新聞紙なんてもやせるかー?!」

子どもたちに予想をたずねると、全員がしっかりと手をあげてくれました。

①「ア．10名、イ．24名、ウ．3名」。②「ア．10名、イ．19名、ウ．8名、エ．0名」

討論のときも、子どもたちは元気に自分の考えを発表してくれました。

〔問題1の①〕で予想イ「月の光ではもやせない」を選んだ田中君が意見を言ってくれました。「月も光を出しているから、その光を集められるけど、でも、月の光は太陽の光が反射したものなので、新聞紙をもやすことは無理じゃないかな」。すると、まわりから「そうだー！」「僕もそう思う！」「そうかなー。もしかして燃えたりして……（笑）」などと活発な反応が返ってきたのです。

授業参観のときの緊張感や静けさなんて、すっかりどこかへ吹っ飛んでいきました。

参観に来ていた村野先生までもが、子どもたちの意見を聞いて「そうそうっ、その通り！」とつぶやきながら、顔を大きく縦に上下させていました。

ところで、小林君はどうだったでしょう？

〔問題1〕

①虫めがねで、夜の明るい月の光を集めて新聞紙をもやすことができるでしょうか。

ア．月の光は集められない。

イ．月の光も集められるが、新聞紙をもやすのは無理。

ウ．新聞紙をもやすことができる。

②白い紙の上に夜の明るい月の光を集めたら、太陽の光のときと同じようにまるい形になるでしょうか。それとも月の形になるでしょうか。

ア．月の光は集められない。

イ．小さな点のようなまるい形に集まる。

ウ．小さい点のように集まるが、月の形になる。

エ．その他。

小林君も、みんなと同じように、しっかり自分の予想に手をあげていました。おー、小林君も手をあげている！　いいなー、うれしいな！

小林君に限らず、この授業は予想さえたててもらえば、かなりシメタ！なのです。予想をたてれば、違う予想の人たちの考えが気になります。友だちの討論にも真剣に耳を傾けてしまいます。友だちの討論を聞いていて、自分だって意見を言いたくなってムズムズしてくるかもしれません。討論の中で、自分の考え（予想）がぐらついたり、あるいは自信を深めたりすることもあります。そして、実験の瞬間には予想が当たるかどうかで胸がドキドキしてきます。実験結果がものすごく気になるわけです。

でも、このときは、小林君は意見など言いませんでした。それでも、とても興味深そうに友だちの意見発表を聞いていました。終始おだやかな表情で顔をあげていました。

こういうことがあるからやめられない

次の「〔問題2〕蛍光灯の光はどのように集まるでしょうか？」のときも、授業はいい雰囲気で進んでいきました。

そして次の〔問題3〕（次ぺ参照）のときです。子どもたちに予想をたずねていったら、なんと予想「エ．その他」に手をあげたのが、小林君一人だけだったのです。

僕は、おそるおそる小林君に「その他の形って、どういう形なのですか？」とたずねてみました。

う〜ん、小林君、大丈夫かな？　この〈孤立状態〉に耐えられるかな？　僕の質問に答えてくれるかな?――僕の方がドキドキしてきました。

でも、そんな心配はまったく必要なかったのです。しっかりした口調で小林君は答えてくれました。「景色はそのまま写ると思うけど、それはきっと逆さまに写るのだと思います」

「おーっ、すごーい!」

僕だけでなく、教室の子どもたちもみんな感心しています。

そして実験。

すると、なんと教室の子どもたちがあっと驚く実験結果が出たのです。白い紙の上に、外の景色が逆さまに写し出されたのです。子どもたちの中から、「おーっ、小林君、すごーい!」という声があがりました。

小林君はすごく恥ずかしそうにしながらも、とってもうれしそうでした。ニコーッと満面の笑顔でした。これが小林君の笑顔なんだー! 素敵だなー。

この日、僕はうれしさのあまり、小林君のお母さんに手紙を書いたのでした。

僕は、〈相手の喜ぶ顔〉が想像できるときには、なるべく素早く動くようにしています。この

〔問題3〕

部屋を暗くして、虫めがねで外の景色の光を集めることにします。

ア．集めることはできない。（6名）

イ．光は小さな丸い点のように集まる。（26名）

ウ．光は外の景色と同じように集まる。（4名）

エ．その他の形に集まる。（1名）

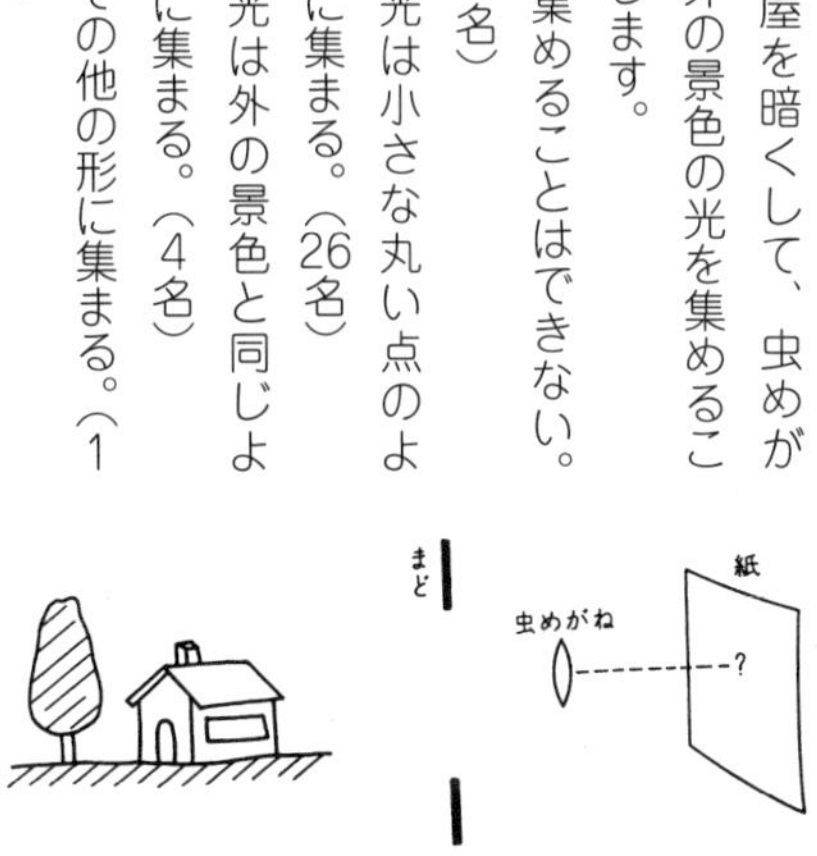

時も〈小林君のお母さんの笑顔〉が想像できたので、すぐさま夢中になってペンを走らせたのでした。うれしい気持ち優先でペンを走らせますから、文が乱れていたり、汚い字だったりすることがありますが、それは許していただくことにしています。とにかく〈このうれしい気持ちを早く相手にお知らせしなくちゃー。一緒に喜んでもらいたいな〉という思いを優先して動くことにしています。「後で丁寧に書こう」なんて思っていたら、まず書けなくなるのです。

小林様

今日は、僕にとってうれしいことがあったので、ペンをとりました。

今日は、久しぶりに小林君が授業に参加してくれたのです。僕はまずホッとしました。そして、とてもうれしかったのです。

今日の授業は「仮説実験授業」といって、〔問題〕ごとに予想をたててもらって実験する授業なのですが、小林君もみんなと同じようにしっかり予想をたて、手を挙げてくれました。

（手紙には〔問題2〕と〔問題3〕を授業書からコピーして、そこに予想分布も書いておいたのですが、ここでは省略）

〔問題2〕では、予想をはずしてしまいましたが、実験結果を見て「えーっ、どうして?!」って感じですごく驚いた顔と悔しそうな顔をしていました。

そして次の〔問題3〕でのことです。

小林君は、なんと予想エ（その他）を選んで、ちゃんと自分の言葉でもって「景色はそのまま写ると思うけれど、それはきっと逆さまに写るのだと思う」と主張したのです。それも、なんとたった一人だけの予想エなんですよ。

そして実験！

景色は小林君が予想したとおり〈逆さまにそのままの姿〉で写ったのです。しかもカラーでね。つまり、小林君はみごとにたった一人で予想を当てたのでした（授業では、予想ウ「外の景色と同じように集まる」も〈予想通り〉としましたが）。

ズバリ予想を当てた小林君は、照れて下を向きながらニコニコと、とてもうれしそうな顔をしていました。この授業の後の感想文に、小林君はしっかりした字で次のように書いてきました。

「けい光灯の形のまま光が集まるとは思わなかった!!（小林徹）」

このように小林君が、久しぶりに授業に参加してくれただけでなく、ニコニコとたのしそうに授業に参加してくれたことが、僕にとってとてもうれしいことでした。

これからも、小林君だけでなく子どもたちみんなが〈自ら輝けるような機会〉を、授業でもって少しでも多くの子どもたちに与えられるといいなーと、僕は思っています。

うれしかったので、思わず気持ちのままにペンをとってみました。乱文乱筆でごめんなさい。

9月8日　　理科担当・小原茂巳

「たのしい授業」のまわりで，いろんなことが動き出す

授業公開の次の日に、市教育相談所の村野久子先生がわざわざ手紙を学校に届けてくれました。じつは、村野先生は、10年ほど前に僕が立川四中に勤務していたときの校長先生だった方です。定年後、市の教育相談員になったのです。

村野先生は《光と虫めがね》の授業を参観中に、子どもたちの意見を聞いて、「その通り！」とうなずいたり、実験結果が出た瞬間に両手を高くあげて「ばんざーい！」をしたりしていました。小林君のことを気にしつつも、思わず自分自身が仮説実験授業に夢中になっているようでした。とてもステキな先生です。

村野先生からいただいた手紙は次のようなものでした。

小原先生

子どもたちの生き生きした表情、先生の発問に一人ひとりが、真剣に考え、予想し、答えていく様子に、私は夢中になって授業に参加していました。

日頃、無意識に過ごしている身のまわりの事象について改めて考える楽しい時間でした。予想が的中したときのうれしさを久しぶりに味わうことができました。大人がこんな気持ちになるのですから、中学生の感動は想像以上のものだと思います。

立川四中時代の先生の楽しい授業は、ますます磨きがかかっています。先生に教えていただける子どもは幸せだと思います。

四中のとき、生徒は先生の授業を毎時間楽しみにしていましたよね。保護者の方々も先生の授業が大好きで、授業参観のときは先生の教室に入りきれない人がいたのを思い出します。

あのときの子どものように、よく考える子、事実を正しく把握する子、理科が大好き、そして先生大好きな中学生を育てていることを大変うれしく思います。

この世の中が、複雑に機能していく中で、先のことを予想し、よく見てよく考え、行動することは、人間として大切な資質だと考えます。

これからもいきのいい、よく考え行動することのできる子どもを育てていってほしいと願っています。健康に留意され、思う存分先生の実力を発揮できますよう祈っています。

最後になってしまいましたが、小林君がみんなと同じように先生の授業に溶けこんでたのしんでいるのを見て、とてもうれしく思いました。これからもどうぞよろしくお願いいたします。

9月9日　村野久子

うれしいお手紙でした。このように「たのしい授業」が始まると、そのまわりでいろんなことが動き出します。うれしいです。

自分でつかんだ自信で生活を変える

授業公開から1週間ほどたったある日、学年会の席でのことです。小林君のことが話題にのぼりました。みんな口を揃えて「小林君、この頃すごく変わったね。明るくなって笑顔が見られるようになったもの」「そう！　僕もそう思っていたよ。確か先週の水曜日あたりからだと思うよ。あの日から何か様子が変わったんだよなー」「そうそう、水曜日ね。運動会の放課後練習のとき、ものすごく一生懸命走っていて、女の子たちから拍手されていたもの。すごくうれしそうだったわ」と言うのです。

「よかったねー」と学年の教師たちはみな嬉しそうです。小林君の担任である佐藤先生は、特に嬉しそうな顔をしていました。

「それにしてもあの日、なんかいいことでもあったんだろうなー?!」「そうっ、先週の水曜日あたりね。あの日、なんかいいことでもあったんだろうなー?!」

そんな学年の教師たちの不思議がる会話を聞いて、僕は「これはきっと《光と虫めがね》の授業が大きなキッカケになっているんだろうな！」と思ったのでした。

そこで僕は、「実は先週の水曜日にこんなことがあったのですよ」と、《光と虫めがね》の授業であったことを学年の先生たちに報告しました。

学年の先生たちは「そうだったの！　小林君、すごかったね！」「よかったね！」などと自分のことのように喜んでくれました。

もちろん僕もうれしかったのですが、僕が一番誇らしく思ったのは、「〈小林君の大きな変化〉は僕の仕組んだことではない」ということです。

小林君は自分の頭で考え、自分で予想を選びました。さらに、自分の考えをしっかりみんなの前で発表しました。そして、小林君はみごと〈予想通り〉を勝ち取ったのです。だからこそ、小林君は自分のスバラシサを心の底から実感することができて、それがその後の行動にあらわれるようになったのです。

小林君のような生徒は、まわりの大人たちの「働きかけ」にとても敏感です。まわりから「強制」されることにも抵抗があるけれど、大人たちの「期待」「善意」「教育的配慮」だって、ときにうっとうしく思えることがあるようです。自分の気持ちにフィットしない「期待」「善意」「教育的配慮」は重荷になることがしばしばあるのです。

これは小林君に限らず、すべての子どもたちに言えることです。

そういう意味でも、僕はこれからも子どもたちに〈自分のスバラシサを発見する機会を与える仮説実験授業〉を提供していこうと思っています。仮説実験授業を受けた子どもたちはみな、最終的に〈科学を自分のものにできた自分のスバラシサ〉に出会うことができるからです。

その後の小林君の様子はどうかというと、みんなと同じように朝登校し、全部の授業をしっかりと受けています。まったくみんなと同じ生活です。

養護教諭の川崎先生に小林君の様子をたずねたら、「この頃は、小林君、保健室にほとんど顔を見せなくなったんですよ。さみしいくらいです」という答えが返ってきました。

9月末におこなわれた運動会のときも、みんなと一緒に一生懸命走っていました。僕は小林君と一緒に「用具係」をやったのですが、とても元気でした。

僕が自分のクラスを応援するためにクラス席に向かっていたら、途中の保護者席で2人の大人に声をかけられました。

「あのー、小原先生ですよね。私たち、小林です！」……もしかして、小林君のお父さんお母さん？

「小原先生、先日はお手紙をありがとうございました。とてもうれしかったです。これからもどうぞよろしくお願いします！」

僕は小林君の担任でもないのに、お家の人にこんなふうに言ってもらえるなんてシアワセです。

仮説実験授業はこのように、僕（教師）と子どもとお母さん・お父さんたちに〈笑顔〉と〈希望〉をもたらしてくれているのです。うれしいですね。

30年前の教え子からのうれしいお便り

突然の電話

土橋武君からの突然の電話に、僕は驚き、感激してしまいました。だって、土橋君は僕のはじめての教え子、つまり、教師1年目のときの教え子なのですから。当時、彼は12歳（中学1年生）。僕は25歳だったのです。なんと30年も前の教え子からの、30年ぶりの電話なのです。

「先生、お久しぶりです。やっとやっと、先生と連絡がとれて、先生の声が聞けて、今、うれしくてたまりません……」

電話から聞こえてくる彼の声が、なんだかふるえています。

「じつは、僕、先生の行方を知りたくて、いろんな所に問い合わせをしたのですよ。20年くらい前に、母校の綾瀬中に電話したのですが、そのときは、〈そういう先生、いたかもしれないなー。だけど、今はどこにいるかわからないなー〉なんて冷たく返事をされました」

「10年くらい前には、先生が書いた本を見て、仮説社に電話をかけてみました。そしたら、神田から引っ越した後だったみたいで、連絡がうまくとれませんでした」

「6年くらい前、テレビをなんとなく見ていたら、突然、小原先生の顔が映し出されてびっくりしました。確か、〈今、科学がおもしろい〉とかいう番組でした。そのとき、耳に残った中学校名を頼りに、すぐに電話をかけてみたら、〈それはうちの中学ではありません。そんな先生はうちの学校にはいません。聞き間違いじゃないですかー〉と言われました。次に教育委員会にかけると、今度は、〈そういうことは個人情報なので調べられません。教えられません〉と冷たく言われて、がっかりしました」

「じつは、つい最近、僕、結婚したんです。それで、この機会にと思って、先生を探したくなりました。仮説社をもう一度調べてみて電話をかけてみたら、社長さんが出て、社長さんは僕のことを知ってくれているみたいで、とても親切に小原先生のことや連絡先を教えてくれました。それで、僕、やっとこうして先生と話ができているわけで、うれしくて、うれしくて……」

こんなふうに話してくれる土橋武君の声を聞いているうちに、僕まで、ジィーンときてしまいました。

「僕のことを探してくれてありがとう。わざわざ電話をかけてくれてありがとうね……」

じつは、以前、僕の方からも、何度か土橋君のことを探してみたことがあるのです。

武君・おばあちゃん・弟の3人家族だった土橋一家は、中学卒業の数年後、どこかに引っ越していってしまいました。僕も綾瀬中を異動し、住居も変わってしまったので、それ以来、お互いに連絡がとれなくなってしまったのでした。

今から5年前、僕はかつての綾瀬中の教え子たち（土橋君の同級生や後輩たち）に電話をかけて、土橋君の情報を集めてもらったことがあります。地元の不動産業の社長になった辻真一郎さんや、建築設計士になった石田美香さんなどは、とても熱心に調査してくれました。それでも、土橋君の居場所はわからずじまいだったのです。「〈あなたに会いたい〉風のテレビ番組にお願いして探してもらおうかな」なんて、半分本気で考えたこともありました。

だから、今回の土橋君本人からの突然の電話には、すごく驚き、大感激してしまったのでした。

背中を押してくれた土橋君

ところで、僕はどうして土橋武君に会いたかったのでしょう。30年前のたった1年間だけのつきあいだったのに、どうして僕は土橋君のことを探したりしたのでしょう。

じつは、土橋君は、教師1年目だった僕に大きな影響を与えてくれた特別な存在だったのです。土橋君は、勉強がすごく苦手で大嫌いな中学1年生でした。運動も苦手、目立つのも苦手、人間関係も苦手……。いつも一人、教室の隅でチョコンと黙って座っているような生徒でした。

一方、教師になったばかりの僕は、いつも不安をいっぱい抱えて生活していました。僕の言うことをなかなか聞いてくれない子どもたち。生活指導が苦手で嫌いだった僕に、「もっとビシッとしなさい！」とお説教してくれる先輩教師たち。理科の教科書を開くと、自分でも理解できないことがたくさんあって、「あー、こんな俺で、本当に理科の教師がつとまるのかなー」と、いつも不安でビクビクしていた僕。

そんな僕が、その年のある時期から、ワラをもつかむ思いで仮説実験授業を始めてみたのでした。

そしたら、教室の子どもたちのほとんどみんなが、「先生の授業、いいよ！」「たのしいなー」「こういう授業、またやってね！」などと言い始めたのです。そして、新しい《授業書》をやるたびに、僕の授業を支持し、歓迎する感想文が子どもたちからたくさん届いたのです。

あの〈勉強が苦手・嫌い、人前に立つことが大嫌いの土橋武君〉までが、授業を「たのしい」と言い出すようになり、授業書《ばねと力》のときには、なんと、自ら挙手してみんなの前で自分の意見を発表するようにまでなったのです。

こういう子どもたちの反応は、当時の僕をどれだけ勇気づけてくれたことか。このとき、僕は、うれしさと感激のあまり、「とびだした土橋君」と題する授業記録を書いて、仮説実験授業研究会で発表したのでした(この記録は、小原茂巳『授業を楽しむ子どもたち』仮説社、に収録してあります)。

さらに、土橋君が次々に書いてくる僕への手紙（感想文）は、「小原先生は、こんな感じのままでいいよー、自信を持ってたのしい授業をやり続けてよー」と僕の背中をやさしく力強く押してくれるような内容だったのです。

「小原先生は先生らしくなくていいよ。今のままでいいよ。フツーの先生になろうとしちゃーダメだよ。いつも子どもたちの方を向いた先生でいてよ。そのために、これからもたのしい科学の授業をずーっとやっていってね！　頼むね！」――そんな感じでした。

なんか、このとき、僕の〈教師としての道〉が決まったような気がします。「僕はこういう道を歩いていけばいいんだな！」って心から思えたのでした。それ以来、僕は30年間、ずっと「たのしい授業派」教師の道を歩き続けてきたのでした。

ここで、そのころの土橋君の感想文を紹介します。この感想文は、前述の「とびだした土橋君」という記録に載せなかった感想文なのです。


「先生に会えてほんとうによかった」　一九七六年4月21日　土橋　武

小原先生はぼくらに「たのしい授業があるんだ」ということを教えてくれるためにバラバラ星から突然やってきた。

その星から往復三時間。とにかくたいへんな宇宙人。

「ぼくは先生だ」と聞いたことはないけれど、いちおう先生だ。

髪の毛長くて、いつも見る顔はごきげん。

学校はこそこそ人間いてもあたり前なのに
「こそこそ人間やめてね」「たのしくやろうや」「みんな手をあげて」「教室はまちがうところだ」「どんどんまちがえや」

こういうこと、先生という人間からでる言葉？

へんてこりんな先生。とにかくたのしい授業になっていく。

もし小原先生からたのしい授業をとったら、ふつうの先生で先生になっていなかっただろう。

「いつもまちがい教室」の先生でいたい気がする小原先生。ぼくもそれを望んでいる。

ぼくの好きな宇宙人。

その大きい目玉は、いつも手をあげるみんなを見るために、やさしく光っている。先生という言葉をとりさって、本当の先生になった。小原先生はバラバラ星人だから、先生に見えない。もし先生に見えたら、かたくるしい暗記だらけの時間になってしまう。

たった一時間なのに、たのしい冒険にしてくれる。

そしてコロンブスやガリレオになった気分にしてくれる。

勉強がこんなにたのしいなんて。ふつうの授業よりたのしさとともに頭にのこっている。

勉強ぎらいのぼくに手をあげさせた授業。いままで自分から手をあげたことはなかった。この瞬間から、ぼくを変えた授業。つまらない勉強しかないと思っていたけど、勇気をあたえてくれた。なんてすばらしい。百点とるよりうれしかった。先生はいつも少年だ。

いつも少年の目でいる先生。ふつうの勉強はたのしくもないのにテストをやる。はじめからたのしい勉強をすれば、テストを目の前にしてもわすれずにできるはずだ。暗記だらけの勉強より、勇気をあたえてくれる勉強が好きだ。みんな、勉強しないやつだと思われても、ぼくは必要なこと以外やらないだけだ。ぼくの求めているのは先生の行動する思考だけ。成績だけで人間きめられちゃ、勉強と心中するのと同じだ。学校はなにも教えてくれない。本当のものを教えてくれる人、小原先生。先生に会えて本当によかった。

土橋さんからの手紙

土橋武君は、43歳になったそうです。「それじゃー、僕、土橋君のことを〈土橋さん〉って呼ばなくちゃー、失礼だよね」なんて言いながら、その後も僕は電話で〈土橋君〉と言い続けてしまいました。

その数日後、土橋さんから、結婚式の写真と一緒に次のような手紙が届きました。とてもしっかりした字で書かれていて、「あー、土橋さんは、本当に大人になったんだー!」と、しみじみと思ったのでした。

小原先生、お久しぶりです。

連絡先を調べるのがとても大変でしたが、あきらめず何回も聞いたのが良かったみたいです。6年前に調べたとき、市役所内の教育委員会までたどり着いて、「あー、もうすぐわかる」と期待してたずねたら「今は個人情報保護法でダメです」と言われ、手に届きそうなものが逃げていったようで、とてもがっかりしました。

電話局の104番で仮説社を調べればなんとかなるのでは、と思って、10年ほど前に、「神田にある仮説社の電話番号を調べてください」とたずねたのですが、そのときは、「仮説社はもう神田にはありません」と言われ、「あー、やっぱりダメかー」とがっかりしました。

でも、つい最近にもう一度、104番にたずねたところ、今度は、「仮説社というのは高田馬場にあるということ」と「03・3204・1779」を教えてくれたので、とてもうれしくなりました。

そして、二〇〇五年9月27日（火）、ようやく小原先生に連絡がとれたのでした。いろいろ話したいことが多く、たくさん話そうと思って電話をかけたのですが、実際に小原先生の声を聞いたら、うれしくて、あがってしまって、そのときは話したいことの10分の1も話せませんでした。

30年前のあれから今まで、いろんなことがたくさんありました。

烏山工業高校に入ったけれど、とちゅうで退学していく友だちがたくさんいたこと。そのたびにさみしい思いをしたこと。僕は、無事に卒業して、日産自動車に入社できたこと。そこですごくがんばったこと。でも、ゴーン社長がきてから仲間がたくさんやめさせられ、仕事もきつくなったこと。僕も、腰が悪くなってしまったこと。それで、日産をやめてしまいました。その後、がんばって、いろいろ資格をとったこと。そして、平成2年に「大成ビル管理」という会社の管理の仕事につくことができました。

私生活でもいろいろなことがありました。ずっと行方不明になっていた父が帰ってきて、おばあちゃんと弟と一緒に暮らし始めたこと。弟とロックグループ〈クイーン〉のコンサートに行って、ドラムのロジャー・テーラーが小原先生に似ていることに気がついたこと。そして、先生のことを思い出して、先生と同じくらいの年のロジャー・テーラーが今も目の前で活躍しているのだから、きっと、小原先生だって今もあのたのしい授業をやって中学生たちに喜ばれているだろうと思ったこと。そして、僕がついにお嫁さんをもらったこと。

このように報告したいことがまだたくさんあります。今、ここに書ききれないので、後でまとめて送りたいと思います。また、手紙を書きます。小原先生、これからもよろしくお願いします。

土橋　武

僕は、すぐに土橋さんの家に電話をかけました。お礼を言って、最後に、「近いうちに会おうね」と約束しました。

僕にだって、いろいろ伝えたいことがあります。僕は30年前に土橋さんが示してくれた道をずーっと歩いてきたのです。だから、なにはともあれ、そのことを報告して、改めて「ありがとう」って言わなくちゃ。

55歳になってちょっぴり疲れ気味になっている今の僕。30年ぶりの土橋さんの声を聞き、手紙を読んでいるうちに、僕の胸のうちに「そうだ、今の子どもたちだってみな、たのしい授業を待っているんだ！」という思いが、はげしくこみあげてきました。

なんだ、30年たった今も、僕は土橋さんに励まされているのです。ありがたいな。

あとがき

ここまで読んでくださってありがとうございます。いかがだったでしょう。

この本は「いじめ」を柱にしてまとめたものですが、それぞれの文は、長い年月をへだてて書かれたものです。最初の「いじめられるということ」は、僕が教師1年目（25歳）のときのものだし、最後の「教え子からのうれしいお便り」は、その30年後に書いたものなのです（最初の2編は「学級通信」として中学生に向けて書いたもので、他の文章と比べると、ひらがなも多いし、文体も少し違っています）。

この本に登場する土橋武さんも、最初は中学1年生（12歳）でしたが、30年を経てたくましい社会人（43歳）になっているのです。

そこで、この本をまとめていくうちに、「長い年月を経て、僕が教師として最も大切にしてきたことは何なのか」が浮き彫りになってきました。それは、「人と人の間に〈たのしみごと〉を置く」ということです。教師と子どもたちとの関係でいえば〈たのしい授業〉ということです。

教師になったばかりの僕は、「授業者としてもダメ、学級担任としてもダメ」という状態でした。子どもたちは授業にさっぱり集中してくれません。学級では「いじめ」などのトラブルが続き、グジャグジャ状態でした。先輩教師に「もっとしっかりして！」と注意をされるたびにいじけたりしていましたが、一番きつかったのは、学級の子どもたちに同じことを言われることでした。当時一番のいじめっ子でありツッパリ君の藤江君に、「先生、もっとビシッとしなよ！」と言われたときは、思わず「お前さえいなきゃ、平和になるよ」などと胸の内で言い返したものでした（恥ずかしい思い出です）。そのときのいじめられっ子が土橋武君でした。

ところが、そんな僕にもラッキーな出会いが巡ってきました。

「熱心な先生なら誰でも（子どもたちが歓迎するような）たのしい授業ができますよ」と謳っている仮説実験授業との出会いです（その存在は学生時代に聞いていたのですが）。さっそくいくつかの授業書を追試してみたら、子どもたちが、そのたびに「たのしい！」「新しい世界を知ることができてうれしい！」「また、たのしいことを教えてね！」などと言ってきたのです。こうなると、僕は、〈子どもたちに喜んでもらえそうなこと〉を子どもたちの前に提出することが一番の喜びになりました。つまり、授業における僕と子どもたちの利害は完全に一致することになったのです。そして、子どもたちの評価を知るたびにドキドキ・ワクワクするような刺激的な教師生活を送れるようになったのです。

さらに、「本格的な科学の授業＝仮説実験授業」は子どもたちに〈自分のスバラシサ〉の発見と共に〈友だち（他人）のスバラシサ〉の発見の機会をも与えました。いろんなタイプの子どもたち（いじめっ子／いじめられっ子／ツッパリ君／優等生さん／フツーの子どもたち…など）の活躍を見て、お互いに、「アイツもいい所あるじゃない！」「簡単に人をバカにはできないな！」ということに気がつくのです。そして、教師である僕も含めて、みんなでもって、「教室には（社会には）、いろんなタイプの人がいる方が刺激的だし、たのしいなー！」ということを心の底から実感することができたのでした。

こういう経験が、「いじめ」問題やその他のトラブル解決の際に、僕に大きな力を与えてくれることになりました。「アイツさえいなければ…」とうっとうしく思っていた藤江君のことも、やがては、「アイツがいると授業が盛り上がるなー。アイツ、ここにいてくれた方がいいな」などと思えるようになったのも、「たのしい授業」のおかげだったのです。

それから30年以上、僕はずっと、「僕と子どもたちの間に〈たのしみごと＝たのしい授業〉を置く」ということを大切にしてきたのでした。

ところで、当時「いじめられっ子」だった土橋武さんにしても、30年以上経った今でも、「たのしい授業」のことを覚えていて、わざわざ僕の連絡先を探しあて、その気持ちを伝えてくれたのでした。子どもたちにとっても「たのしい授業」の体験は、その後の人生を歩き続けていくのに大きな支えになっていたのです。

この本を読んでくださったみなさんにも、「たのしい授業」が生み出す〈子どもと教師のいい関係〉のことが伝わるといいなあ、と思っています。

本書は一九九五年に中一夫さんが編集・発行してくださった同名の私家版が元になってできました。中一夫さんには心から感謝しています。なお、今回、仮説社から発行するにあたり大幅に文章を入れ替えました。タイトルは同じですが、ほとんど新しい別の本になったと思います。なお、最初の2編は、実際に学校の授業で教材（読本）として多くの方に読んでいただいています。

最後になりましたが、この本をまとめてくださったのは仮説社の増井淳さんです。この本の構成から文章の隅々に至るまで親身なアドバイスをいただきました。記してお礼申し上げます。

二〇一四年6月　　小原茂巳

〔初出一覧〕

はじめに　『たのしい授業』二〇〇七年4月臨時増刊号を元に大幅に加筆
いじめられるということ　中一夫編『いじめられるということ』(私家版、一九九五年)。実際に書いたのは、一九八一年5月
いじめるということ　『たのしい授業』一九九五年3月号。実際に書いたのは、一九八一年5月
出た〜、僕のクラスにもいじめ　『たのしい授業』一九八六年1月号
僕のいじめ対策　『たのしい授業』一九九五年3月号
先生になりたくないから　中一夫編『いじめられるということ』(私家版、一九九五年)
3人のおばあちゃん　『たのしい授業』一九八五年10月号
アメを食べたヨーコの指導　『たのしい授業』二〇〇八年12月号
自分のスバラシサを発見するとき　『たのしい授業』二〇〇六年6月号
30年前の教え子からのうれしいお便り　『たのしい授業』二〇〇六年2月号

著者紹介

小原茂巳《おばらしげみ》

1950年　宮城県生まれ。５人兄弟の末っ子。

1974年　中央大学理工学部卒業。75年，東京都葛飾区綾瀬中学校にて初めて教壇に立つ。その後，板橋区第三中学校，豊島区雑司谷中学校，昭島市清泉中学校，立川市第四中学校，羽村市第二中学校，あきる野市五日市中学校，青梅市第六中学校を経て，現在は明星大学特任准教授。

学生のころ，仮説実験授業を知り，「この授業はラクにマネできて，しかも子どもたちにいっぱい喜んでもらえるんだ。これ，俺にむいてる」と直感。教壇に立ってから仮説実験授業を実践しはじめる。また，『仮説実験授業研究』『授業科学研究』『たのしい授業』（いずれも仮説社）などに授業記録の文章などを多数発表。長年にわたって「たのしい教師入門」のためのサークルを組織し続けている。そのファンは多い。

主な著書

『授業を楽しむ子どもたち』『たのしい教師入門』『未来の先生たちへ』（いずれも仮説社），共著として『よくある学級のトラブル解決法』（仮説社）がある。

いじめられるということ　いじめと僕とたのしい授業

2014年7月30日　初版発行（2000部）

著者　小原茂巳　
発行　株式会社 仮説社
169-0075 東京都新宿区高田馬場2-13-7
電話 03-3204-1779　FAX 03-3204-1781
www.kasetu.co.jp　mail@kasetu.co.jp
本文イラスト　TAKORASU／装丁　渡辺次郎
印刷・製本　平河工業社
用紙　（表紙：モデラトーンシルキー四六Y135kg／本文：モンテルキア菊T41.5kg）
Printed in Japan　ISBN 978-4-7735-0254-1　C0337

仮説実験授業の ABC

板倉聖宣 著　初めての人もベテランも，いつもそばに置いておきたい基本の一冊。仮説実験授業の考え方から授業のすすめ方，評価論，授業書と参考文献の一覧紹介・入手方法まで。藤森行人「授業の進め方入門」も収録。　Ａ５判172ペ　**本体1800円**

未来の科学教育

板倉聖宣 著　「仮説実験授業」が初めて提唱されたとき，それは新しい考え方がぎっしりで，どんな読者にとっても，はじめて出会う科学論，教育論，授業方法だった。そのため，本書は，とてもていねいに，親切に書きすすめられた。その理念は今なお「未来」への道しるべとなっている。

四六判 240 ぺ　**本体 1600 円**

科学新入門　（上）大きすぎて見えない地球・小さすぎて見えない原子　（下）迷信と科学

板倉聖宣 著　「自分は科学に弱い」と思いこんでいる先生やお母さん，子どもたちに向けて，科学の面白さを知ってもらうために書かれた本です。上巻では，予想をたてながらお話を読み進むうちに，科学の楽しさにひきこまれます。また下巻では科学と社会の関係，そして迷信の成り立ちに迫ります。　四六判　上巻 317 ぺ／下巻 176 ぺ　**各巻本体 1800 円**

科学者伝記小事典

板倉聖宣 著　古代ギリシアから1800年代に生まれた，世界的な大科学者約80人の業績，生き方を紹介。アイウエオ順ではなく，生年順に配列されているので，人名事典としてはもちろん，「科学の発達史」としても通読できる。類のない，画期的な事典。　四六判150ぺ　**本体1900円**

科学的とはどういうことか

板倉聖宣 著　手軽にたしかめられるような実験を通して，科学的に考え行動するとはどういうことかを体験・実感できるロングセラー。塩水ならぬ砂糖水に生卵は浮くか？等々，「どうなるんだろう？」と誰でもつい引き込まれてしまう問題がいっぱい。　Ａ５判 230 ぺ　**本体 1600 円**

科学の本の読み方すすめ方

板倉聖宣・名倉弘 著　科学の本はどういうものを選んだらいいのか。長年，科学教育と科学読み物の研究を続けてきた著者たちが「よい本」の条件と選び方をわかりやすく語ります。さらに，読書感想文の書き方，子どもと大人をゆさぶる本の紹介，科学の本のまちがいなども。貴重で詳細な科学読み物年表付き。　四六判 213 ぺ　**本体 1900 円**

よくある学級のトラブル解決法

小原茂巳 他著　よくある学級のトラブルといったら，どんなことを思い浮かべますか？本書では，「いじめ／不登校」「仲間はずれ」「保護者からの苦情」「崩壊学級」の４つの事例から，トラブル解決の手順と考え方を明らかにします。だから応用できるのです。一番大切なことは，子どもたちとの信頼関係。そのためにはどうすればいいでしょう？　四六判 160 ぺ　**本体 1300 円**